Como rezar pela cura entre as gerações

CB142923

Pe. Alberto Luiz Gambarini

Como rezar pela cura entre as gerações

Ágape

Todos os direitos reservados. Nenhuma parte desta obra pode ser reproduzida ou transmitida por qualquer forma e/ou quaisquer meios (eletrônico, ou mecânico, incluindo fotocópia e gravação) ou arquivada em qualquer sistema ou banco de dados sem permissão escrita da Editora.

© Ágape
Cx. Postal 32
06850-970 – Itapecerica da Serra, SP
Fones (0**11) 4666-3988/4666-3619
Fax: (0**11) 4666-6056

Composição e Impressão
Edições Loyola
Rua 1822 nº 347 – Ipiranga
04216-000 São Paulo, SP
Caixa Postal 42.335
04299-970 São Paulo, SP
Fone (0**11) 6914-1922
FAX: (0**11) 6163-4275
Home page e vendas: www.loyola.com.br
e-mail: loyola@ibm.net

ÍNDICE

INTRODUÇÃO

Quando se fala de doença, logo vem a apreensão, pois ficar doente sempre representa uma ameaça à felicidade.

Cada vez mais se está buscando a melhor forma para encarar a doença, não somente na sua dimensão física, mas também reconhecendo outros componentes capazes de desencadeá-la. Hoje, já se sabe que a doença física não é algo isolado, e sim resultado de uma série de outros fatores.

Alimentos contendo agrotóxicos têm sido apontados como responsáveis pelo surgimento de muitas doenças. Não podemos esquecer que o ambiente, com suas condições de higiene, também é responsável pela saúde.

A pobreza, sem dúvida, é a causa da falta de saúde das pessoas, pois, sem dinheiro não se pode comprar alimentos. Uma pessoa desnutrida não tem saúde.

Somado a essas possibilidades, existe, também, o histórico emocional da pessoa. Cada indivíduo traz uma bagagem de vida feita de alegrias e tristezas. Destacam-se: carência afetiva (falta de amor dos pais, por exemplo), complexo de inferioridade, sentimentos de culpa, sonhos não realizados, frustrações ou decepções, rancores e mágoas, inveja, ciúmes etc. A emoção abalada é capaz de desencadear inúmeras doenças. São as chamadas doenças psicossomáticas.

Tais fatores não esgotam a compreensão dos motivos da doença. Existem pessoas que passam anos nas mãos de médicos sem nunca, contudo encontrar a resposta para suas queixas e o auxílio para seu sofrimento.

Cada vez mais está se descobrindo que a história de uma pessoa não começa somente no momento em que é gerada no ventre materno. Existe uma bagagem hereditária, isto é, a transmissão de caracteres físicos, morais e espirituais dos antepassados.

Essa realidade é de fácil comprovação em nosso dia-a-dia. Basta observar em nossa própria família as feições semelhantes do rosto, a cor do cabelo, dos olhos, o tamanho do nariz, a tendência para determinadas doenças.

Outro dado importante é a triste constatação de que as pessoas passam para a frente determinados tipos de comportamento, que se tornam uma constante de geração em geração dentro da mesma família. Um exemplo do que foi dito é a declaração de um jovem pertencente a uma família importante e ao mesmo tempo cheia de tragédias em várias gerações:

> **"Em nossa família o alcoolismo e a infidelidade matrimonial estão no sangue..."**

Estudos recentes mostram que em certas famílias existe uma tendência ao conformismo diante dos problemas que impede qualquer reação, gerando pessoas sem resultados positivos em seus empreendimentos.

Uma pesquisa feita nos Estados Unidos com presidiários condenados pelo crime de violência sexual, concluiu que alguns deles, no passado, também haviam sofrido algum tipo de ataque sexual.

Será que Deus nos quer sofrendo por causa do que herdamos dos nossos familiares? Evidentemente que não! Ele não nos deseja atolados em vícios, fraquezas, derrotas ou sofrimentos. Seu propósito é dar-nos a saúde em todas as dimensões:

> **"Prestarás culto ao Senhor, teu Deus, que abençoará teu pão, e te preservarei da enfermidade"** (Ex 23,25).

Neste livro, você aprenderá um tipo de oração em que se pede a cura para a árvore genealógica. Essa oração é conhecida como cura entre as gerações, ou cura da árvore da família, ou cura dos antepassados ou, ainda, de maneira não muito correta, de quebra de maldições.

Orar pela cura entre as gerações, ou árvore da família, ajuda-nos a ampliar os horizontes da bênção de Deus. Porém, para orar de modo eficaz, é importante ter presente:

— a oração de cura pelas gerações não vem para substituir outros tipos de oração de cura. Trata-se de um complemento para o ministério da cura física e interior, assim como para o de libertação.

— a oração de cura pelas gerações não pode criar nenhum pânico em relação ao nosso passado. As descobertas sobre nosso histórico familiar não devem nos tornar inseguros, nem nos fazer culpar nossos antepassados. Caso isso aconteça, é um sinal de que não estamos orando tendo presente a infinita bondade de Deus.

Capítulo 1

BÍBLIA E CURA ENTRE AS GERAÇÕES

Todos nós entendemos o conceito de herança material. Trata-se de bens deixados por alguém quando de sua morte como dinheiro, propriedades etc.

Também existe a herança física pela qual é transmitida a saúde ou as doenças. Percebe-se isso pelas perguntas dos médicos quando adoecemos: algum familiar tem diabete?, pressão alta?, problemas no coração?...

A Bíblia fala também de uma outra herança: a espiritual. Para a Escritura, somos afetados tanto pelos acertos: "**Reconhece, pois, que o Senhor, Teu Deus, é verdadeiramente um Deus fiel, que guarda a sua aliança e a sua misericórdia até a milésima geração com aqueles que o amam e observam os seus**

mandamentos" (Dt 7,9) como pelos erros dos nossos antepassados.

> **"Eu sou o Senhor, teu Deus, um Deus zeloso que vingo a iniqüidade dos pais nos filhos, nos netos e nos bisnetos daqueles que me odeiam"** (Ex 20,5).

Todo o capítulo 28 do livro do Deuteronômio é um ensino de como é possível construir para si e sua descendência uma vida abençoada ou amaldiçoada.

O caminho da bênção é: "**Se obedeceres fielmente à voz do Senhor, teu Deus, praticando cuidadosamente todos os seus ensinamentos que hoje te prescrevo...**" (Dt 28,1). A partir destas palavras, apresenta o tesouro de bênçãos, desde as espirituais, passando pela certeza de proteção contra todo tipo de mal, até as de ordem material. (cf. Dt 28,2-14). Vale a pena ter presente a promessa de Dt 28,13: "**O Senhor te porá à frente e não na cauda, estarás sempre no alto, jamais abaixo...**".

A maldição vem "**se não obedeceres à voz do Senhor, teu Deus, se não praticares cuidadosamente todos os seus mandamentos...**" (Dt 28,15). Entre as maldições, encontramos as derrotas espirituais, emocionais e físicas, manifestadas pelas mais diferentes enfermidades, desordem familiar, fracasso financeiro (cf Dt 28,16-68). A Sagrada Escritura é muito forte ao afirmar que o mal vindo da desobediência à lei do Senhor será "**como um sinal para a pessoa e sua raça...**" (cf. Dt. 28,46).

A consciência da influência dos erros dos antepassados na vida das gerações futuras sempre esteve presente no pensamento dos israelitas: "**Pecaram nossos pais, e já não existem, e sobre nós caíram os castigos de suas iniqüidades**" (Lm 5,7).

Quando os israelitas foram levados cativos para a Babilônia, Daniel orou a Deus com as seguintes palavras: "**Senhor, dignai-vos, pela vossa misericórdia, afastar de vossa cidade santa, Jerusalém, vossa cólera e vossa exasperação, porque é devido às nossas iniqüidades e aos pecados de nossos antepassados que Jerusalém e vosso povo são alvo de insultos de todos os nossos vizinhos**" (Dn 9,16). O profeta reconhecia a influência do pecado cometido pelo povo e seus antepassados como a origem dos males a que estavam passando longe da pátria querida.

Nesse mesmo espírito orou o profeta Baruc:

> "**Senhor, Todo-poderoso, Deus de Israel, é uma alma angustiada e um coração atormentado que clama a vós: Escutai, Senhor! Tende piedade! Porque pecamos contra vós. Estais sentado sobre um trono eterno, e nós caminhamos para um definitivo aniquilamento. Senhor, todo-poderoso, Deus**

de Israel, escutai a prece dos mortos de Israel, dos filhos daqueles que pecaram contra vós, que não atenderam a voz do Senhor, seu Deus, e por isso, foram levados à desgraça.
Não mais tomeis em conta os crimes de nossos pais; lembrai-vos, apenas nessa hora, do poder de vosso Nome. Por este motivo é que inspirastes o temor de vós e a necessidade de vos invocar. Agora, em nosso exílio, vos louvamos, já que o nosso coração renunciou às iniqüidades de nossos pais, que contra vós pecaram. Olhai! Aqui viemos em um exílio, para onde nos dispersastes, a fim de sermos objetos de opróbrio, de insultos e maldições, e para carregarmos o peso das culpas de nossos pais, que haviam abandonado o Senhor, nosso Deus" (Br 3,1-8).

Capítulo 2

O QUE NÃO É A ORAÇÃO DE CURA ENTRE AS GERAÇÕES

A oração de cura entre as gerações não é espiritismo

Quando falamos da influência dos antepassados na vida de uma pessoa, facilmente corre-se o risco de imaginar algo ligado à doutrina espírita, que acredita na possibilidade da reencarnação. Uma pesquisa feita nos Estados Unidos da América chegou à seguinte conclusão: 20% dos não-crentes acreditam em algo ligado ao espiritismo. Pior, constatou-se que, esta crença está também dentro das igrejas cristãs: 34% dos católicos e 29% dos evangélicos afirmaram crer na reencarnação.

Por meio da história e da Bíblia aprendemos que desde a antigüidade os homens tentam estabelecer contato com os mortos. Chama-se a isso necromancia, isto é, a adivinhação pela invocação dos espíritos dos mortos.

Como cristãos conhecemos a proibição clara da Bíblia a este respeito:

> **"Não se ache no meio de ti quem faça passar pelo fogo seu filho ou sua filha, nem quem se dê à adivinhação, astrologia, aos agouros, ao fetichismo, a magia, ao espiritismo, à adivinhação ou evocação dos mortos, porque o Senhor, Teu Deus, abomina aqueles que se dão a essas práticas..."** (Dt 18,10-12).
>
> **"Se alguém se dirigir aos espíritas ou aos adivinhos para fornicar com eles, voltarei o meu rosto contra este homem, e o cortarei do meio do seu povo."** (Lv. 20,6).

As origens do espiritismo moderno

No século XIX, o cristianismo passava por um momento muito difícil. De todos os lados cresciam os ataques à Igreja católica. Ao mesmo tempo o fervor religioso católico e evangélico havia esfriado, favorecendo a influência de filosofias orientais.

Nesse ambiente, em 1854, na França, Allan Kardec lança os fundamentos da doutrina espírita moderna, afirmando tratar-se de um novo evangelho. De modo geral, o espiritismo apresenta-se como uma nova revelação, até mesmo superior a Jesus Cristo.

No centro da mensagem espírita está a crença na reencarnação. Em que consiste essa crença? Segundo os espíritas, quando uma pessoa morre sua alma se separa momentaneamente do corpo e, depois de algum tempo, toma um outro corpo para voltar à terra. Nessa visão, os homens passariam por muitas vidas neste mundo até um dia chegarem à total purificação.

Em nenhuma parte da Bíblia encontramos defesa para a reencarnação. Existe sempre a consciência da responsabilidade de viver bem esta vida, como preparação para o encontro definitivo com Deus, depois da morte.

Quando Jesus morria na cruz, conta o evangelho que um dos ladrões crucificados ao seu lado pediu: **"Jesus, lembra-te de mim, quando tiveres entrado no teu reino"** (Lc 23,42). Se Jesus aceitasse a reencarnação teria dito: **Tem paciência, seus erros foram muitos, você tem de passar por muitas vidas até sua purificação completa.** Entretanto, sua resposta foi: **"Em verdade te digo, hoje estarás comigo no paraíso"** (Lc 23, 43).

Também São Paulo nos dá um ensino contrário à reencarnação: **"Sinto-me pressionado dos dois lados: por uma parte desejaria desprender-me para estar com Cristo – o que seria imensamente melhor; mas, por outra parte, continuar a viver é mais necessário, por causa de vós"** (Fl 1,23-24).

A oração de cura entre as gerações não é terapia de vidas passadas

A oração de cura entre as gerações não pode ser confundida com nenhum modismo, muito menos com certos tipos de tratamento usados por algumas correntes da psicologia, inspiradas na crença de vidas passadas.

A terapia de vidas passadas tenta unir os avanços da psicologia moderna à filosofia oriental, principalmente a hindu, que crê na possibilidade de uma pessoa ter vivido outras vidas no passado. Para terapeutas dessa linha, a cura de uma pessoa estaria em regressão até o passado, indo até aquela vida em que a pessoa causou um dano a si própria.

Na verdade, estamos diante de uma artimanha muito bem elaborada pela filosofia da Nova Era para tornar aceitável a doutrina do karma, que ensina que **"somos o que tivermos feito no passado, e seremos o que havemos de fazer"**. Uma pessoa "pagaria" pelos erros cometidos em alguma vida passada em outra vida. Desse modo se justificariam as pessoas nascidas com defeitos físicos, problemas mentais, outros sofrimento, etc...

A terapia das vidas passadas nada mais é do que a doutrina da reencarnação com uma roupagem nova. Como já examinamos, o cristianismo jamais aceitou a possibilidade de vidas anteriores, pois cremos que no momento do último suspiro é dada a sentença para toda a eternidade. "**Como está determinado que os homens morram uma só vez, e logo em seguida vem o juízo...**" (Hb 9,27).

As diferenças entre a doutrina da reencarnação e a doutrina cristã são muito fortes: a primeira crê na existência de uma alma imortal existindo antes do corpo físico; para o cristianismo a alma também é imortal, mas não existe antes do corpo. Para a doutrina cristã a alma continuará a existir depois da morte, mas não voltará à vida terrena em um outro corpo, como creêm os seguidores da reencarnação.

Um exemplo da certeza de que os mortos não voltam do estado em que se encontram é dado por Jesus na parábola do homem rico e Lázaro em Lc 16,19-31:

Primeiro Jesus fala do destino do rico e Lázaro depois da morte: "**Ora, aconteceu morrer o mendigo e ser levado pelos anjos ao seio de Abraão**" (Lc 16,22).

O seio de Abraão é uma maneira de dizer que o mendigo foi para o céu. Já o rico não teve uma morte tranqüila: "**E estando ele nos tormentos do inferno, levantou os olhos e viu, ao longe, Abraão e Lázaro no seu seio**" (Lc 16,23).

Em seguida, mostra o rico pedindo para voltar e alertar seus parentes da existência do céu e do inferno (Lc 16,27-28), e a resposta foi clara: "**...Eles lá têm Moisés e os profetas**" (Lc 16,29)

Moisés e os profetas = hoje a Palavra de Deus e a Igreja.

Portanto, tanto o espiritismo como a terapia das vidas passadas falam de fatos causados pela própria pessoa em outras vidas, e a cura entre as gerações apóia-se na comprovação da própria ciência sobre a transmissão da carga hereditária. A cura entre as gerações leva-nos a orar pela influência de todo mal causado por algum antepassado, pedindo a cura para si, outra pessoa e seus descendentes.

Capítulo 3

A CURA DOS VIVOS E DOS MORTOS POR MEIO DA ORAÇÃO

A morte é uma das feridas mais profundas na vida de todas as pessoas. A dor da separação de uma pessoa a quem muito se amava pode fazer perder o gosto de continuar vivendo; também é possível formar um sentimento de culpa, capaz de tornar para sempre a vida amarga; ou continuar alimentando ressentimento por situações não resolvidas.

A morte, segundo algumas pesquisas, tem a força para desencadear uma série de doenças espirituais, emocionais, físicas e sociais.

Uma dimensão importante da oração de cura entre as gerações é a oração pelos falecidos tanto de nossa família como outras pessoas que tiveram alguma influência negativa em nossa vida. Trata-se de uma oportunidade única para pedir a Deus pela nossa cura e também pelo descanso eterno daqueles que nos antecederam.

A oração pelos mortos nos faz recordar que a nossa vida presente está unida com as gerações passadas de quem recebemos não somente os traços físicos, mas também suas qualidades positivas e negativas. Nesse sentido, existe uma comunhão entre os vivos e os mortos: estes nos influenciam na medida em que nos transmitiram suas vivências. Se essa herança foi negativa a oração pelos mortos tem a força para ajudar aqueles que estão vivos.

Um exemplo simples de como a oração pelos falecidos é eficaz foi dado por uma pessoa de minha paróquia. "Quando comecei a fazer a árvore da família não imaginava a possibilidade de ser curada de uma insônia crônica. Já havia tentado todo tipo de tratamento sem alcançar êxito. Aparentemente, não existia motivo para eu não conseguir dormir. Perguntando aos meus familiares sobre os nossos antepassados, cheguei ao meu avô. Ele sofria de insônia e ficava acordado a noite inteira. Essa situação incomodava os filhos, que não entendiam seu sofrimento. E ele rogou uma praga dizendo que os filhos dos seus filhos teriam o mesmo problema. Eu era sua neta e estava sofrendo deste mal. Rezando, pude reviver todo o sofrimento de meu avô pela incompreensão dos familiares e, ao mesmo tempo, pedi a Deus para que seu amor misericordioso fosse dado a ele. Também mandei celebrar algumas missas pelo meu avô. Na medida em que eu intercedia em favor de meu avô, pelos seus filhos, meu pai e tios, meu coração foi invadido por uma experiência profunda de paz, e também fui curada para sempre da minha insônia."

O fundamento bíblico para a oração pelos mortos

Rezar pelos mortos significa estar unidos a uma prática espiritual vinda do Antigo Testamento e assumida pela Igreja cristã desde sua origem até nossos dias. Dois textos bíblicos nos ajudam a compreender o lugar desta oração e a sua eficácia: 2Mc 12,38-46 e 2Tm 1,18.

O primeiro é do Antigo Testamento, mais precisamente do livro dos Macabeus, onde é testemunhada a bondade e a fé de Judas Macabeu. Muitos soldados judeus haviam dado a sua vida para defender Israel. Haviam morrido valorosamente. Entretanto, foi encontrado junto de muitos deles amuletos proibidos aos judeus. Tal atitude significava um pecado a Deus.

Judas Macabeu chama a multidão e a convoca para dois gestos importantes:

— **"... puseram-se em oração para implorar-lhe o perdão completo do perdão cometido"** (2Mac 12,42).

— e a seguir: **"...fez uma coleta, enviando a Jerusalém cerca de 10.000 dracmas,**

para que se oferecesse um sacrifício pelos pecados; belo e santo modo de agir, decorrente de sua crença na ressurreição" (2Mc 12,43).

No Novo Testamento encontramos São Paulo rezando por um amigo chamado Onesífero, que havia falecido: **"O Senhor lhe conceda a graça de obter misericórdia..."** (2Tm 1,18)

Quando estudamos a história do cristianismo, aprendemos que as primeiras gerações cristãs, diante das perseguições, escondiam-se em lugares subterrâneos, as chamadas catacumbas. Aí faziam suas reuniões, celebravam a Eucaristia e também colocavam seus mortos. As catacumbas tornaram-se lugares especiais, onde os primeiros cristãos eram estimulados a não desanimar. E por quê? Porque se sentiam unidos a todos os que haviam dado sua vida por Jesus. Nesse espírito, rezavam por eles e, ao mesmo tempo, acreditavam estarem recebendo as orações deles junto de Deus.

Um exemplo de que os primeiros cristãos acreditavam na importância da oração pelos mortos o encontramos na inscrição de uma pedra de um túmulo das catacumbas, dedicada por um marido a sua esposa: "Para que todos os irmãos que a lerem rezem por ela, para que possa estar com Deus".

Capítulo 4

A IMPORTÂNCIA DE ORAR PELOS BEBÊS NASCIDOS MORTOS OU ABORTADOS

O desenvolvimento das pesquisas do pré-natal revelam que os bebês, no ventre das mães, já ouvem, enxergam, sonham, choram e estão profundamente ligados às emoções maternas. Desse modo, as mães transmitem alegria, amor..., assim como medo, insegurança.

Existem estudos demonstrando a possibilidade de o bebê manter em sua memória experiências do tempo em que esteve no útero materno, até mesmo perceber a influência do ambiente em que vive a mãe. Alguns exemplos desses estudos ajudam a entender como é fundamental e delicado o momento em que uma vida está sendo formada:

— Um músico renomado relatou que podia tocar certas peças musicais sem jamais tê-las ouvido ou estudado. Conversando com sua mãe descobriu serem obras que ela havia tocado durante a gravidez.

— Durante o tratamento de uma pessoa com tendência ao suicídio descobriu-se que o desejo de se matar manifestava-se na data de aniversário do segundo ou terceiro mês de sua gestação. Essas datas coincidiam com aquelas em que a mãe tentou um aborto.

— Uma criança nasceu vomitando sangue e morreu vinte horas depois do nascimento. Na autópsia foram encontradas três úlceras em seu estômago. Constatou-se que a mãe havia se casado apenas por causa da gravidez. O pai da criança era alcoólatra e violento. Eles se separaram, mas ela foi forçada por ele a voltar. Os problemas emocionais foram tão fortes que a criança não resistiu.

Uma conclusão importante é reconhecer a necessidade de ajudar os casais a prepararem o nascimento de um filho num ambiente de amor, paz e oração. Esse clima de serenidade e fé durante a gestação é transmitido para o bebê e também o prepara para a entrada no mundo.

O que fazer diante da morte de um bebê?

Se de um lado falamos da urgência em preparar o nascimento de uma criança, também é verdade que nem todas as crianças nascem. Algumas morrem antes, por aborto natural ou provocado, e outras depois do nascimento.

A dor pela perda é muito intensa, pois fica uma sensação de ser incapaz de gerar uma vida ou de ter criado a própria morte.

Junto com a tristeza, a raiva e o sentimento de culpa vem uma pergunta: o que acontece com uma criança abortada ou que morreu durante o nascimento ou logo depois?

A melhor de todas as respostas está na Sagrada Escritura onde encontramos um Deus rico em misericórdia e não um juiz cruel. Se Deus é bom não irá manter afastadas de si as crianças mortas antes ou depois do nascimento, mesmo as abortadas.

A Igreja, como uma mãe amorosa, que é, celebra a Festa dos Santos Inocentes no dia 28 de dezembro em que se recordam as crianças não-batizadas que foram mortas por ordem de Herodes logo depois do nascimento de Jesus. Também no missal romano existem as exéquias ou missa para uma criança não-batizada. A mensagem para quem passou pela dor da perda de um bebê é clara: **"confiem na bondade divina"**.

Soma-se ao que foi dito a importância de ajudar os pais que perderam um bebê a mergulhar no amor de Deus. Um modo simples é rezar com e por eles e ao mesmo tempo incentivá-los a desabafar a dor com Deus. Para a maioria dos pais é difícil entender por que Deus não impediu a morte de uma criatura inocente, ou não impediu o seu aborto. Daí a necessidade de falar para Deus tudo o que está no coração. Ele é Pai capaz de não somente entender a tristeza ou a revolta, mas ir além, dando a força para enxugar as lágrimas, consolar a dor e devolver a esperança de viver.

Se aqui na terra Jesus amava tanto as crianças, com certeza irá conservar junto de si aquelas que partiram cedo desta vida. **"Deixai vir a mim os pequeninos e não os impeçais, porque o Reino de Deus é daqueles que se lhes assemelham"** (Mc 10,14)

A oração pelos bebês mortos

Se a Igreja tem uma oração própria para as crianças mortas antes do batismo, isso significa que elas necessitam da nossa oração.

Na história da Igreja existem inúmeros testemunhos mostrando o valor da oração pelos mortos tanto para os adultos como para os bebês. Um exemplo é a oração de Santa Perpétua pelo seu irmão Dinócrates, morto sem batizar aos sete anos. Ele havia aparecido em um sonho não podendo beber da água de uma fonte. Santa Perpétua interpretou o sonho como sendo a necessidade do batismo. Ela começou a rezar diariamente pelo querido irmão, e algum tempo depois em outra visão ele aparecia feliz, curado da doença que o havia levado desta vida, e bebendo na fonte[1].

Quando um bebê ou uma criança morrem, uma ferida se abre na mãe, no pai e em outros membros da família. Também a criança morta parte levando esta marca. A oração pelos mortos traz cura e libertação aos vivos e para aqueles que partiram desta vida.

A maneira mais simples de rezar é:

— Pedir o auxílio e consolo do Espírito Santo para trazer paz para o bebê morto, para si mesmo, para os familiares e para pessoas ligadas a ele.

— Lembrar de algumas promessas maravilhosas do Senhor:

"Vinde a mim, vós todos que estais aflitos sob o fardo, e eu vos aliviarei." (Mt 11,28)

"Na casa de meu Pai há muitas moradas. Não fora assim, eu vos teria dito; pois vou preparar-vos um lugar" (Jo 14,2).

---

1. New Catholic Encyclopedia, vol. 8, 763.

"Apresentaram a Jesus então crianças para que as tocasse; mas os discípulos repreendiam os que as apresentavam. Vendo-o, Jesus indignou-se e disse-lhes: Deixai vir a mim os pequeninos e não os impeçais, porque o Reino de Deus é daqueles que se lhes assemelham" (Mc 10,13-14).

— Dar um nome ao bebê morto e apresentá-lo ao Senhor com toda a confiança.

— Falar do seu amor pelo bebê. A seguir é importante pedir perdão para si mesmo ou para as pessoas que de algum modo foram responsáveis pelo bebê (médico, parteira, enfermeira, familiares...).

— Colocar a criança diante de Maria dizendo: ***Mãe de Jesus recebe debaixo da tua proteção a...........***

..

(dizer o nome). Completar recitando as três ave-marias.

— Mandar celebrar uma missa pelo bebê.

— Guarde o nome dado ao bebê e inclua-o na lista da sua árvore da família da oração pelos familiares falecidos.

Capítulo 5

COMO REZAR PELOS MORTOS JOVENS E ADULTOS

Quando falamos de oração pelos mortos, o importante é aprender a rezar de modo eficaz, isto é, buscando resultados para si, familiares vivos e para os que partiram desta vida.

Nesse sentido, o Senhor Jesus, no relato da ressurreição de Lázaro, apresenta um modo simples e poderoso de rezar pelos mortos utilizando três passos:

Primeiro passo: Falar da nossa dor a Jesus.

Este primeiro passo é decisivo, pois a morte é, de modo geral, um momento de questionamento e revolta que pode afetar nosso relacionamento com Ele. Quantas vezes não temos a coragem de falar para todos ouvirem, mas no coração dizemos: "Onde está Deus nestas horas? Por que não ouviu as minhas orações?

Na morte de Lázaro, observamos duas reações muito comuns à maioria das pessoas diante da morte:

— De um lado, a sensação de abandono da parte de Deus demonstrada pelos parentes. Marta disse a Jesus: **"Senhor, se tivesses estado aqui meu irmão não teria morrido"** (Jo 11,21), nós diríamos: **por que justamente comigo... com a nossa família... ainda não era a hora**.

— No outro extremo, a raiva dos amigos presentes no velório, como a manifestada pelos judeus: **"Não podia ele que abriu os olhos ao cego de nascença, fazer que este não morresse?"** (Jo 11,37). Quantas vezes se escuta palavras semelhantes: ***Ele não saía da igreja e teve uma morte deste jeito...***

O que fazer?

Abra o coração com toda a sinceridade para falar dos seus sentimentos, principalmente dos negativos. Não tenha medo, Jesus entende a sua dor. Ele não irá censurá-lo. O Senhor conhece a sinceridade do coração, e não leva em conta a mágoa e a revolta manifestadas no momento em que as feridas da alma estão mais abertas.

Existem pessoas que imaginam ser as lágrimas um sinal de fraqueza, entretanto o próprio Jesus ao chegar junto do corpo de Lázaro "**... pôs-se a chorar**" (Jo 11,35). Se sentir necessidade chore junto com Jesus, e sinta como Ele deseja consolá-lo como fez com Marta, Maria e seus convidados.

Segundo passo: soltar as faixas para curar o ente querido que partiu.

Depois de ter chorado por Lázaro e consolado seus parentes e amigos, Jesus, diante do túmulo, ordenou: "**Desligai-o e deixai-o ir**" (Jo 11,44).

Fale para Jesus ou para a pessoa que partiu aquilo que faltou dizer ou fazer. Tenha a coragem de declarar o quanto você amava a pessoa ou as dificuldades em relação a ela. Não tenha medo de também dizer: ***eu te perdôo ou perdoa-me...*** Este desabafo irá encher seu coração de paz, pois você sentirá a presença de Jesus curando a sua dor e também dando à pessoa morta amor e perdão.

Terceiro passo: agradecer pela cura e libertação sua e também pela certeza da misericórdia e ternura divina que estará acompanhando a pessoa falecida ou seus antepassados.

Pela fé nos unimos a Jesus para dizer ao Pai: "**Pai, rendo-te graças, porque me ouviste**" (Jo 11,41).

A relação com a pessoa morta pode ter sido difícil, assim como duras as descobertas do passado da família. Porém, quando temos a coragem de levar essas experiências à presença de Deus, somos transformados para melhor em nosso interior.

O amor de Deus nunca deixa de produzir seu efeito naqueles que se abrem a Ele.

Esse terceiro passo revela o crescimento em nossa relação com Jesus, pois passando pela dor da perda ou das descobertas do passado familiar, reconhecemos ser possível experimentar a bondade de Deus.

O efeito de aprender a dar graças a Deus se manifesta por meio de uma vida de oração mais profunda, pelo desejo de fazer novos amigos ou iniciar novas atividades e a sensação de perda passa a ser substituída pela consciência da continuidade da vida e da comunhão com aqueles que partiram desta vida.

É importante que esses três passos sejam feitos em seguida à morte de um parente ou pessoa com quem se tinha algum tipo de ligação (amizade, trabalho...) para que não fiquem feridas abertas.

Para a oração pelos antepassados o caminho é o mesmo: primeiro, rezar de modo geral por todos os parentes conhecidos e desconhecidos e, a seguir, deixando-se guiar pelo Espírito Santo, rezar individualmente pelos falecidos, conhecidos ou não.

Capítulo 6

ORAÇÃO DE CURA ENTRE AS GERAÇÕES E A LIBERTAÇÃO DE LUGARES

Certa ocasião, uma pessoa fez-me uma pergunta: a oração de cura entre as gerações pode ser feita também para determinados lugares nos quais se sente alguma presença do mal?

Para responder a essa pergunta é preciso entender que não estamos falando de invocação de espíritos, o que é próprio do espiritismo, uma doutrina, como já examinamos nos capítulos anteriores, contrária aos ensinamentos da Bíblia. Também não se trata de fenômenos paranormais.

Outra atitude fundamental é não imaginar que em todos os lugares iremos encontrar alguma influência do além. É necessário o discernimento espiritual para evitar enganos. Daí a importância da ajuda de uma pessoa ou equipe com experiência no ministério de libertação de pessoas e lugares.

Também é verdade que muitas pessoas poderiam ser auxiliadas se fosse feita uma oração de libertação de determinados lugares onde aconteceram fatos no passado com influência ainda no presente.

O testemunho do Triângulo das Bermudas

Um dos exemplos mais lembrados da prática da oração de cura entre as gerações é o do Triângulo das Bermudas. Esta área estava sujeita a fatos estranhos como o desaparecimento de navios e aviões sem deixar vestígios.

Fazendo um levantamento do passado da região, descobriu-se que no século XVIII centenas de pessoas haviam morrido de modo violento nesse lugar. A região era a rota de navios ingleses carregados de escravos africanos. Os capitães para ganhar mais velocidade jogavam os escravos ao mar. A seguir declaravam a perda dos escravos como morte natural, e com isso recebiam um seguro. Esse procedimento era mais lucrativo do que vender os escravos vivos. Era um comércio em que as vidas não eram levadas em conta.

Na Inglaterra, no ano de 1977, foi celebrada uma primeira missa para pedir a Deus perdão pela crueldade praticada contra os escravos mortos no Triângulo das Bermudas. Três bispos do norte da Inglaterra, presentes na celebração, publicaram o acontecimento, para incentivar a celebração de outras missas com o mesmo desejo de pedir o descanso eterno e o perdão daqueles que não haviam sido respeitados na sua condição de pessoas criadas a imagem e semelhança de Deus.

Passadas algumas semanas o resultado começou a aparecer. Os acidentes passaram a diminuir. O bispo das Bermudas também celebrou na sua catedral e em mar aberto uma missa na mesma intenção. Os acidentes sem explicação do Triângulo das Bermudas não foram mais registrados.

Outros testemunhos

Os exemplos mais comuns são os seguintes:

— Estradas que registravam acidentes sempre no mesmo local. A situação foi modificada a partir da oração feita nesse local em favor de todas as vítimas dos acidentes.

— Casas e outros lugares em que era difícil a convivência ou faltava saúde e prosperidade foram transformados a partir do momento em que se descobriu que ali viveram pessoas infelizes, ou que aconteceram mortes violentas, ou que haviam abrigado práticas de magia, feitiçaria. Nesses casos, a libertação aconteceu pela simples oração, pelas pessoas e pelo lugar, feita pelos próprios moradores ou por um sacerdote (no caso de magia ou feitiçaria é fundamental a presença do sacerdote). Na maioria dos casos foi celebrada uma missa pela libertação dos lugares.

— Existem relatos sobre a diminuição da criminalidade em lugares onde as pessoas viviam em discórdia ou haviam acontecido atos violentos com a morte de inocentes ou dos próprios criminosos. Nesse caso, o trabalho foi de ajudar as pessoas a tirar o ódio do coração e levá-las a rezar sem distinção por todos os mortos daqueles lugares.

Conclusão

Os lugares, e as pessoas que aí vivem, podem ser influenciados por fatos do passado. Essa constatação não abala aqueles que confiam em Cristo. Ele nos deu uma promessa: **"Estes milagres acompanharão os que crerem: expulsarão os demônios em meu nome, falarão novas línguas, manusearão serpentes,**

e, se beberem algum veneno mortal, não lhes fará mal; imporão as mãos aos enfermos e eles ficarão curados" (Mc 16,17-18).

Qual a melhor maneira de agir?

— Pedir a ajuda de Deus para reconhecer se não existe alguma responsabilidade pessoal ou de outras pessoas. Fazer uma boa confissão, comungar, rezar o terço e interceder pelos familiares ou outras pessoas envolvidas no mesmo problema.

— Pedir a um sacerdote para dar uma bênção ou fazer uma oração com a água benta.

— Mandar celebrar uma ou mais missas pelas pessoas falecidas daquele lugar (mesmo não sabendo o nome delas).

Capítulo 7

EUCARISTIA: O LUGAR DA CURA TOTAL

A Eucaristia sempre foi para o cristianismo o lugar por excelência para um encontro mais íntimo com o Senhor Jesus. "Quem come a minha carne e bebe o meu sangue permanece em mim eu nele" (Jo 6,56).

Quando Jesus celebrou a ceia eucarística com seus apóstolos, tinha alguns propósitos bem definidos:

— Ele quis deixar um meio para continuamente estar presente com seus amigos. Quem de fato ama alguém deseja encontrar-se com essa pessoa. Esse sentimento fica claro nos momentos que antecederam a ceia:

"Tenho desejado ardentemente comer convosco esta Páscoa, antes de sofrer" (Lc 22,15).

"...como amasse os seus que estavam no mundo, até o extremo os amou" (Jo 13,1)

— A Eucaristia é a oportunidade para renovar a experiência de Jesus trazendo perdão e libertação, alegria, força, cura para as enfermidades..., e isso nada mais é do que a realização de suas próprias palavras: **"... aquele que comer a minha carne, viverá por mim"** (Jo 6,57b)

— Há outra dimensão fundamental que não pode de modo algum ser esquecida: pela Eucaristia também estamos unidos a todos os que nos antecederam.

Existem aqueles que negam o valor da oração pelos falecidos; fica a pergunta: por que então participar de um funeral? Rezar pelos mortos é confirmar a certeza de que cremos na vida eterna. Desde o início da igreja cristã, o melhor lugar para a intercessão por aqueles que partiram desta vida é a Eucaristia.

O apóstolo Paulo afirma que na celebração eucarística **"...todas as vezes que comeis deste pão e bebeis deste cálice lembrais a morte do Senhor até que venha"** (1Cor 11,26). Lembramos para quem? Sem dúvida para os vivos e os mortos. Com que base podemos afirmar isso? Em 1Pd 4,6 está escrito: **"... foi o evan-**

evangelho pregado também aos mortos...", isto é, Jesus anunciou a boa-nova aos mortos, e assim fica indicado que os mortos são ajudados pela oração dos vivos. A oração cristã é feita em nome de Jesus que morreu na cruz por todos, até mesmo por aqueles mortos por quem intercedemos em qualquer tempo.

Daí ser a Eucaristia o lugar mais excelente para a oração de cura entre as gerações. Na árvore da família colocamos os parentes vivos e falecidos pedindo a Deus para que o seu amor derrame bênçãos sobre todos. Não nos cabe julgar os atos dos vivos nem dos mortos, mas entregá-los à misericórdia divina.

Capítulo 8

COMO FAZER A ÁRVORE DA FAMÍLIA OU GENEAGRAMA

A árvore da família ou geneagrama é algo simples e ao mesmo tempo fundamental para orar de modo eficaz pela cura entre as gerações. É importante fazer um apanhado de no mínimo cinco gerações da sua família.

Primeiro passo: escreva seu nome e responda às seguintes perguntas, colocando as respostas na frente do nome.

Dimensão espiritual

— Como estou espiritualmente?

— Recebi os sacramentos (batismo, crisma, eucaristia, reconciliação, unção dos enfermos, matrimônio [para os casados], ordem [para os sacerdotes])? Como estou vivendo a graça recebida por meio deles?

— Tenho dificuldade de sentir Deus? Sinto algum bloqueio?

— Trago algum pecado escondido ou, mesmo que me confesse, não sou capaz de libertar-me?

— Tive alguma ligação com falsas doutrinas? Fui levado, em algum momento da minha vida, a lugares que professavam falsas doutrinas? (Quantas vezes os pais, na melhor das intenções, sem saber que estão prejudicando seus filhos, os levam a lugares onde existe a contaminação maligna).

Dimensão emocional e afetiva

— Sou uma pessoa otimista ou pessimista?

— Tenho bom humor?

— Faço amizades com facilidade?

— Guardo rancor, ódio, desejo de vingança?

— Sinto ciúme ou inveja?

— Tenho tendência para a depressão ou desejei tirar a vida (suicídio)?

— Sou dependente de algum vício (álcool, drogas, jogo...)?

Dimensão física

— Tenho alguma doença?

— Tenho medo de contrair alguma doença? Por quê?

Para os solteiros, casados, separados, e viúvos:

— Qual o sentimento bom em relação ao estado de vida em que me encontro?

— E qual o sentimento ruim?

Em relação aos pais ou pessoas responsáveis pela educação:

— Quando você pensa em seu pai, mãe ou nos responsáveis pela sua educação, o que vem à sua mente?

— Como eram seus pais ou responsáveis (calmos, nervosos, rígidos, fechados, ausentes, tinham algum vício, castigavam, brigavam entre si ou com você)?

Outros problemas

— Você tem alguma tendência para a mentira, desonestidade, infidelidade, crime etc?

— Cometeu aborto ou levou outra pessoa a fazê-lo?

Segundo passo: Em cima de seu nome, escreva o nome de seus pais (se não os conheceu, escreva somente pai e mãe). Responda por eles as perguntas anteriores.

Terceiro passo: Faça o mesmo com seus avós (pais dos seus pais), bisavós, tataravós; caso não saiba os nomes nem sua história, escreva somente o nome dos avós. Sendo possível inclua também seus tios. Procure informar se na família aconteceram acidentes violentos, assassinatos, distúrbios mentais e também doenças hereditárias.

Faça, agora a árvore da família

Geneagrama

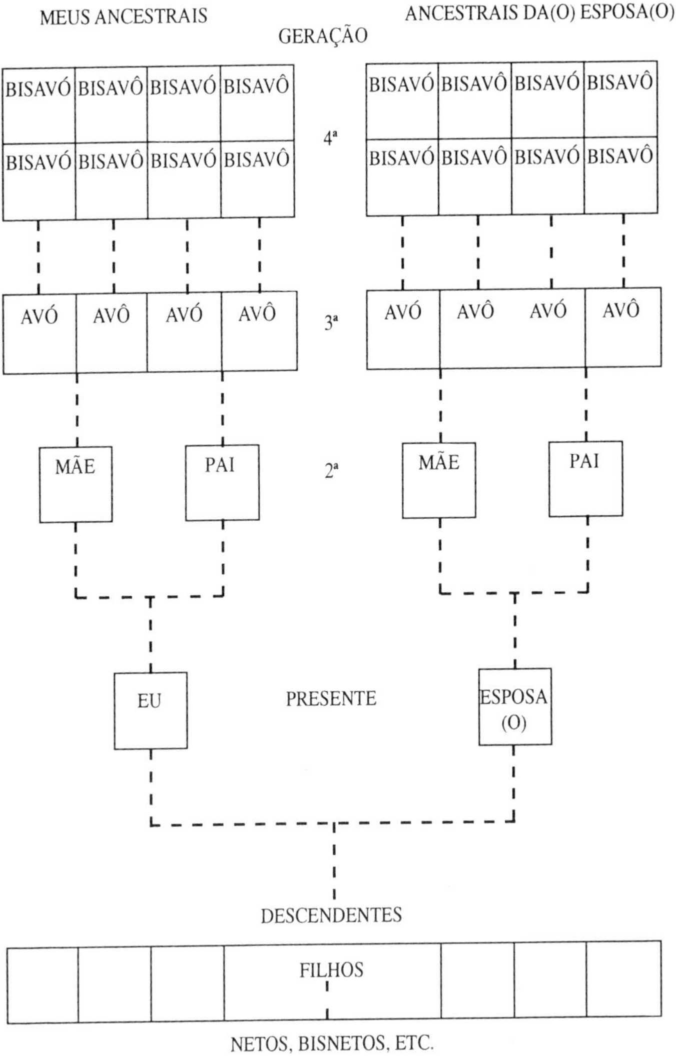

MEUS ANCESTRAIS
ANCESTRAIS DA(O) ESPOSA(O)
GERAÇÃO
BISAVÓ BISAVÔ BISAVÓ BISAVÔ
BISAVÓ BISAVÔ BISAVÓ BISAVÔ
4ª
BISAVÓ BISAVÔ BISAVÓ BISAVÔ
BISAVÓ BISAVÔ BISAVÓ BISAVÔ
AVÓ AVÔ AVÓ AVÔ
3ª
AVÓ AVÔ AVÓ AVÔ
MÃE
PAI
2ª
MÃE
PAI
EU
PRESENTE
ESPOSA (O)
DESCENDENTES
FILHOS
NETOS, BISNETOS, ETC.

Capítulo 9

COMO ORAR PELA ÁRVORE DA FAMÍLIA E QUAL O NÚMERO DE VEZES?

Cada pessoa pode trazer bênçãos para sua vida pessoal e também para as gerações passadas e futuras, aprendendo o valor da oração pela árvore da família.

Na oração pessoal de cada dia é importante sempre incluir os familiares vivos e falecidos para que a cura possa alcançar a todos sem distinção.

Na oração diária pela família podemos usar como modelo a Consagração da família à Santíssima Trindade (p. 57). Essa oração pode ser feita junto ao orátorio da casa, composto por uma Bíblia, um crucifixo, uma imagem de Nossa Senhora, uma vela tipo sete dias, uma vasilha com água benta e as fotografias da família.

Outra prática muito útil é rezar pelas almas do purgatório, de modo particular no dia tradicionalmente reservado para essa oração: às segundas-feiras. (pág. 60)

Também, periodicamente, é importante celebrar missa pelos falecidos da família ou pessoas com quem se tinha algum relacionamento.

Uma pergunta muito freqüente quando se fala de cura entre as gerações é: quantas vezes devo rezar pela árvore da minha família?

Não podemos transformar essa oração em algo mágico, muito menos imaginar que uma, duas ou mais vezes produzirão resultados instantâneos. A oração de cura entre as gerações deve ser um compromisso de oração pelo qual vamos nos deixar conduzir pelo Espírito de Deus.

Em outras palavras:

— Ao tomar a decisão de fazer a árvore da família devemos assumir o compromisso de rezar todos os dias com ela.

— Assim procedendo, veremos como a cada dia — ou de tempos em tempos, que podem ser dias, semanas ou até uma vida inteira — descobriremos situações novas que precisaremos apresentar diante do Senhor.

Capítulo 10

ORAÇÕES DE CURA ENTRE AS GERAÇÕES

Oração pela cura das gerações

Em nome de Jesus,
eu oro pelas águas do batismo,
para fluírem por entre todas as gerações
até as raízes de minha árvore genealógica.
Que o Sangue de Jesus, curador e purificador,
possa fluir através de todas as gerações,
tocando, curando e purificando.
Eu coloco a cruz de Jesus
diante de todas as gerações
que antecederam a mim e à minha família,
e quebro a transferência
das forças supressoras da vida
que operam em mim ou através de mim.
Amém.
(Rezar: credo, pai-nosso, ave-maria, glória-ao-pai e Salmo 90)

Oração para cortar os laços do passado

Em nome de minha família, eu ... rejeito toda influência má que dela recebi. Quebro todos os pactos, alianças de sangue, todos os acordos com o demônio, em nome de Jesus Cristo (3x).

Ponho o Sangue de Jesus e sua Cruz entre cada geração minha. Em nome de Jesus eu amarro todos os espíritos de hereditariedade má de nossas gerações e ordeno que saiam, em Nome de Jesus Cristo (3x).

Pai, em nome de minha família, eu vos peço perdão por todos os pecados do espírito, por todos os pecados da mente e por todos os pecados do corpo.

Peço perdão para todos os meus ancestrais. Peço vosso perdão por todos aqueles que eles magoaram de alguma forma, e aceito o perdão em nome de meus ancestrais, daqueles que os magoaram.

Pai celestial pelo Sangue de Jesus, hoje peço que leveis todos os meus parentes mortos à luz do céu.

Agradeço, Pai celestial, por todos os meus parentes e ancestrais que vos amaram e vos adoraram, e transmitiram a fé aos seus descendentes.

Obrigado Pai! Obrigado Jesus! Obrigado Espírito Santo! Amém!

(Rezar: pai-nosso, ave-maria, glória)

Oração de quebra de maldição

Senhor Jesus Cristo, creio que tu és o Filho de Deus e o único caminho para Deus, que morreste na cruz por meus pecados e por mim foste ressuscitado dos mortos.

Com fundamento no que fizestes por mim, creio que as reivindicações de satanás contra mim estão canceladas em tua cruz.

E assim, Senhor Jesus Cristo, eu me submeto a ti e me comprometo a servir-te e a obedecer-te. Nesse envolvimento contigo, tomo posição contra qualquer força maligna das trevas que, de alguma forma, tenha vindo à minha vida, quer por meus próprios atos, quer por atos de minha família ou de meus antepassados.

Onde quer que haja sombra na minha vida, quaisquer forças malignas, eu renuncio a elas agora, Senhor. Recuso-me a submeterme a elas por mais tempo, e no nome poderoso de Jesus, o Filho de Deus, tomo autoridade sobre todas as forças do mal que me atormentam, desligo-me delas e liberto-me totalmente do seu poder.

Invoco o Espírito Santo de Deus a invadir o meu ser e a fazer minha libertação e desligamento do mal, inteira e realmente, como somente o Espírito de Deus pode fazer. Em nome de Jesus Cristo. Amém!

(Rezar o credo)

Consagração de nossa família a São Miguel

Ó grande Arcanjo São Miguel, príncipe e chefe das legiões angélicas, penetrados do sentimento de vossas grandezas, de vossa bondade e de vosso poder, em presença da adorável Trindade, da Virgem Maria e de toda a Corte Celeste, eu ... e minha família vimos hoje (ou melhor, renovamos neste dia a nossa consagração a Vós) nos consagrar a Vós.

Queremos vos honrar e vos invocar fielmente.

Recebei-nos sob vossa especial proteção e dignai-vos desde então velar sobre os nossos interesses espirituais e temporais.

Conservai entre nós a perfeita união dos espíritos e dos corações, o santo amor familiar. Defendei-nos contra os ataques inimigos; preservai-nos de todo o mal e particularmente da desgraça de ofender a Deus gravemente.

Que por nossos cuidados, devotados e vigilantes, cheguemos todos à felicidade eterna. Dignai-vos, grande São Miguel, reunir todos os membros de nossa família na cidade dos Céus.

Assim seja.

Deus diz na Liturgia: Miguel, Meu Arcanjo, eu vos estabeleci príncipe sobre todas as almas que deverão ser recebidas no Meu Reino.[1]

Consagração da família à Santíssima Trindade

Sagrada Família, por sua intercessão queremos, nesse ato de fé, consagrar à Ssma. Trindade a família (sobrenome da família...).

Nesta consagração pedimos a sabedoria que o Espírito Santo infundiu no coração de São José a (nome do pai...), para que ele possa conduzir essa família com honestidade, pureza e fidelidade.

Pedimos a paciência e a mansidão que o Espírito concedeu à Virgem Maria à (nome da mãe...), para que ela conduza esse lar com o mesmo amor e dedicação da Mãe de Deus. Pedimos o dom da obediência filial do menino Jesus a (nome dos filhos e filhas...), para que cresçam iluminados pelo Espírito que o conduziu na infância, na adolescência e em toda sua vida de Filho. Sagrada Família, queremos ainda consagrar à Ssma. Trindade todos os outros membros dessa família (citar aqui todos

---

(1) 2a. Véspera, antífona da festa de São Miguel (29 de setembro)
Imprimatur: Monte Pessulano die februarii 1444
Jean Roquette, v.g. / Trad. do francês.

os outros nomes...) para que também recebam as graças e os benefícios desta consagração.

Consagramos também, por esse ato de fé, todos os bens materiais, dons e talentos que Deus confiou aos membros desta família. Que sua mão protetora esteja sempre sobre seus lares, seus trabalhos e suas vidas. Que os santos anjos, que serviram e ampararam a Sagrada Família, acampem agora e permaneçam para sempre ao redor da família (sobrenome da família...), guardando-a de todos os males e livrando-a de todo o pecado. Unimo-nos, nesta consagração, a todos membros falecidos desta família, que já se encontram no céu e são nossos intercessores naturais, rogando, juntamente com eles, a misericórdia do pai por nossos antepassados que, porventura, ainda aguardam sua ressurreição. Amém.

(Rezar: pai-nosso, ave-maria e glória)

Oração de libertação do jugo hereditário
(Para ser rezada pelos pais em favor de um filho)

Pai de misericórdia *(...dizer o nome da pessoa)* é teu (tua) filho(a). Antes de ser gerado(a) por nós, ele(a) já era teu (tua) filho(a).

Tu sabes suas necessidades. Tu sabes tudo o que o(a) oprime. Por isso, Pai, eu te peço que desfaças na vida de (.....) todo o mal. Quebra, Senhor, todo jugo hereditário negativo de

(.....) que caiu sobre ele(a). Quebra toda maldição, praga, feitiço, que possam ter recaído sobre esse(a) teu (tua) filho(a). Desfaz, no poder do Sangue de Jesus, todo pacto ou aliança que seus ancestrais fizeram com satanás. Que eles sejam perdoados no Sangue de Jesus e que (.....) seja livre para te servir. Amém!

Jesus, tu vieste para nos salvar. Teu Sangue foi derramado para nossa salvação. Tu amas (....) e quer salvá-lo(a).

Por isso, nós te pedimos, Jesus, que o teu Sangue caia poderosamente sobre a mente de (....), quebrando todos os anéis do mal que aí estão escondidos. Desfaz, Jesus, todo jugo hereditário negativo que pesa sobre (....), principalmente do álcool e do fumo. Liberta esse(a) teu (tua) irmão(a) pelo poder do teu Sangue Redentor. Amém!

Espírito Santo, tu és luz! Tua luz pode penetrar o mais profundo do nosso ser, curando-nos de todo mal. Peço-te, Espírito Santo, que derrames tua luz sobre (....) libertando-o(a) de todos os grilhões do mal e de todo laço, tropeço e armadilha de satanás.

Que Deus seja sempre louvado e adorado na vida de (....) e que, pelo poder do nome de Jesus, o inimigo seja acorrentado e impedido de voltar a atormentá-lo(a).

Rogo por este(a) teu (tua) filho(a), ó Virgem Maria, Mãe de Deus.

Amém.

Almas do purgatório

Ó Deus que usais de misericórdia e sempre estais disposto a perdoar, humildemente vos pedimos que tenhais pena das almas dos fiéis defuntos enterrados no cemitério.

Não entregueis esses vossos servos ao poder do inimigo, nem deles vos esqueçais para sempre; mas ordenai aos vossos santos Anjos que os recebam e conduzam à pátria eterna, o paraíso. E já que em sua vida na terra confiaram em vossa misericórdia, não permitais que eles venham a sofrer na mansão dos mortos, mas ao contrário, fazei que a sua esperança se torne realidade, ao entrar na posse da felicidade eterna.

V. Que as almas de todos os fiéis defuntos pela misericórdia de Deus, descansem em paz.
R. Amém.
V. Dai-lhes, Senhor, o descanso eterno.
R. E a luz Perpétua os ilumine.
V. Descansem em paz.
R. Amém.

Almas abandonadas

Ó almas santas e benditas do purgatório!

Ó almas que passastes pelos sofrimentos e angústias da morte!

Ó almas dos afogados, queimados, torturados e fuzilados na guerra!

Ó almas dos meus parentes e amigos falecidos!

Ó almas dos assassinados, encarcerados e injustiçados!

Ó almas dos escravos e dos pagãos bem intencionados!

Ó almas esquecidas e abandonadas!

Ó almas santas e benditas do purgatório que estais sofrendo e penando para alcançardes a purificação completa para depois entrar na vida eterna!

Almas santas e benditas, eu rogo e intercedo por vós diante de Jesus Cristo, o Salvador: Ó Jesus Cristo, pelo vosso suor de sangue, pela coroa de espinhos, pelos pregos nas mãos e nos pés, pelo golpe de lança em vosso coração, pelo último suspiro na cruz, aliviai as dores e abreviai as penas das almas santas e benditas do purgatório.

E vós, almas santas e benditas, vinde em meu auxílio, socorrei-me em minhas angústias. Atendei o meu pedido, ajudai-me a resolver o meu problema. Pelo sangue de Cristo derramado na cruz, alcançai-me de Deus Pai, a graça de que tanto necessito. Por Maria, a Mãe das dores e Nossa Senhora do Monte Carmelo, a qual prometeu socorrer as almas e livrá-las do fogo do purgatório e atender as suas súplicas, alcançai-me a graça de que tanto necessito. Amém.

Meu bom Jesus, perdoai-nos, livrai-nos do fogo do inferno; levai as almas todas para o céu e socorrei, principalmente, as que mais precisarem. **Amém.**

Apêndice

O PURGATÓRIO: PURIFICAÇÃO NECESSÁRIA PARA O ENCONTRO COM DEUS

Catequese de João Paulo II dada em 4 de agosto de 1999.

"1. Como já examinamos nas catequeses anteriores, a partir da opção definitiva por Deus ou contra Deus, o homem se encontra diante de uma alternativa: ou vive com o Senhor na bem-aventurança eterna, ou permanece afastado de sua presença.

Para os que se encontram na condição de abertura com Deus, porém de modo imperfeito, o caminho para a bem-aventurança plena requer uma purificação, que a fé da Igreja ilustra mediante a doutrina do purgatório (cf. Catecismo da Igreja católica, nn. 1030-1032).

2. Na Sagrada Escritura podemos captar alguns elementos que ajudam a compreender o sentido desta doutrina, mesmo se não está apresentada de modo explícito. Expressam a convicção de que não se pode chegar a Deus sem passar por algum tipo de purificação.

Segundo as leis religiosas do Antigo Testamento, o que está destinado a Deus deve ser perfeito. Em conseqüência, também a integridade física é particularmente exigida para as realidades que entram em contato com Deus no plano sacrifical, como por exemplo, os animais para imolar (cf. Lev 22,22), como, também os próprios sacerdotes, ministros do culto (cf. Lv 21,17-23). A essa integridade física deve corresponder uma entrega total, tanto das pessoas individualmente, como coletivamente (cf. 1Rs 8,61), ao Deus da Aliança de acordo com os grandes ensinamentos do Deuteronômio (Dt. 6,5). Significa amar a Deus com todo o ser, com pureza de coração e com o testemunho das obras (cf. 10,12s).

A exigência da integridade se impõe, evidentemente, depois da morte, para entrar na comunhão perfeita e definitiva com Deus. Quem não tem essa integridade deve passar por uma purificação. São Paulo em um dos seus textos sugere esta visão.

O apóstolo fala do valor da obra de cada um, que se revelará no dia do juízo, e diz: "Se a construção resistir, o construtor receberá a recompensa. **Se pegar fogo arcará com os da-**

nos. Ele será salvo, porém passando de alguma maneira através do fogo" (1Cor 3,14-15).

3. Para alcançar um estado de integridade perfeita é necessário, às vezes, a intercessão ou a mediação de uma pessoa. Por exemplo, Moisés alcança o perdão para o povo com uma súplica, em que recorda a obra salvífica realizada por Deus no passado e invoca sua promessa feita aos pais (cf. Ex 32,30). A figura do servo do Senhor, desenvolvida no livro de Isaías, se caracteriza também por sua função de interceder e expiar em favor de muitos; no fim de seus sofrimentos, ele **"verá a luz"** e **"justificará a muitos"**, **carregando as suas culpas** (cf. Is 52,13-53,12 especialmente, 53,11).

O Salmo 50 pode se considerar, desde a visão do Antigo Testamento, uma síntese do processo da volta à comunhão com Deus: o pecador confessa a própria culpa (vers. 6), pede insistentemente para ser purificado ou lavado (verss. 4.9.12 e 16), para poder proclamar seus louvores a Deus (vers. 17).

4. O Novo Testamento apresenta a Cristo como o intercessor, que desempenha as funções de sumo sacerdote do dia da expiação (cf. Hb 5,7; 7,25). Porém, nele o sacerdócio recebe uma dimensão nova e definitiva. Ele entra somente uma vez no santuário celestial para interceder diante de Deus em nosso favor (cf. Hb 9,23-26, especialmente o vers. 24). Ele é o sacerdote e, ao mesmo tempo, a vítima de propiciação pelos pecados de todo o mundo (1Jo 2,2).

Jesus, como o grande intercessor que expia nossos pecados, se revelará plenamente no final da nossa vida, quando se manifestará com a sua oferta de misericórdia, e também com o juízo inevitável para quem nega o amor e o perdão do Pai.

Este oferecimento da misericórdia divina não exclui o dever estarmos puros e íntegros diante de Deus, ricos desta caridade que Paulo chama de "**vínculo da perfeição** (Cl 3,14).

5. Durante nossa vida terrena, seguindo a exortação evangélica de sermos perfeitos como o Pai celestial (cf. Mt 5,48), somos chamados a crescer no amor, para permanecermos firmes e irrepreensíveis na presença de Deus Pai, no momento da "**vinda de nosso Senhor Jesus Cristo, com todos os seus santos**" (1Ts 3,12s). Por outra parte, somos convidados a "**purificarmos de toda mancha da carne e do espírito**" (2 Cor 7,1; cf. 1Jo 3,3), porque o encontro com Deus exige uma pureza absoluta.

É necessário eliminar todo vestígio de apego ao mal e corrigir toda imperfeição da alma. A purificação deve ser completa, e é exatamente isso que ensina a doutrina da Igreja sobre o purgatório. Esse termo não indica um lugar, mas uma condição de vida. Quem depois da morte vive neste estado de purificação já está no amor de Cristo, que o liberta dos resíduos da imperfeição.

Também é importante ter presente que esse estado de purificação não é um prolongamento da situação terrena, como se depois da morte fosse possível mudar o próprio destino. O ensino da Igreja a esse respeito é muito claro, tendo sido reafirmado pelo Concílio Vaticano II, que ensina:" **Como desconhecemos o dia e a hora, conforme a advertência do Senhor, vigiemos constantemente, a fim de que, terminado o único curso de nossa vida terrestre** (cf. Hb 9,27), **possamos ser contados com os benditos** (cf. Mt 25,31-46), **e não sejamos mandados, como servos maus e preguiçosos** (cf. Mt 25,26), **para as trevas exteriores, onde haverá choro e ranger de dentes** (cf. Mt 22,13 e 25,30)(Lumen gentium, 48).

6. Também é importante apresentar de novo um último aspecto importante, que a tradição da Igreja sempre colocou em destaque: a dimensão comunitária. Aqueles que se encontram na condição de purificação estão unidos tanto aos bem-aventurados, que já gozam plenamente da vida eterna, como também conosco, que caminhamos neste mundo para a casa do Pai (cf. Catecismo da Igreja católica, n 1032).

Assim como na vida terrena os crentes estão unidos entre si no único Corpo místico, depois da morte os que vivem o estado de purificação experimentam a mesma solidariedade eclesial que atua pela oração, sufrágios e na caridade dos demais irmãos na fé. A purificação se realiza no vínculo essencial que se cria entre os que vivem a vida presente e aqueles que já gozam da bem-aventurança eterna."

QUERIDO LEITOR: *Se este livro foi importante para sua caminhada cristã, escreva-nos dando o seu testemunho. Peça também o nosso catálogo. Escreva para*:

Pe. ALBERTO
Caixa Postal 32
06850-970 – Itapecerica da Serra, SP

ou faça o pedido de outros livros pelos telefones:
(011) 4666-3988 ou (0**11) 4666-3619**

ou pelo Fax: **(0**11) 4666-6056**
(de 2ª a 6ª feira das 9 às 17 horas).

LEIA TAMBÉM OUTROS LIVROS DO MESMO AUTOR

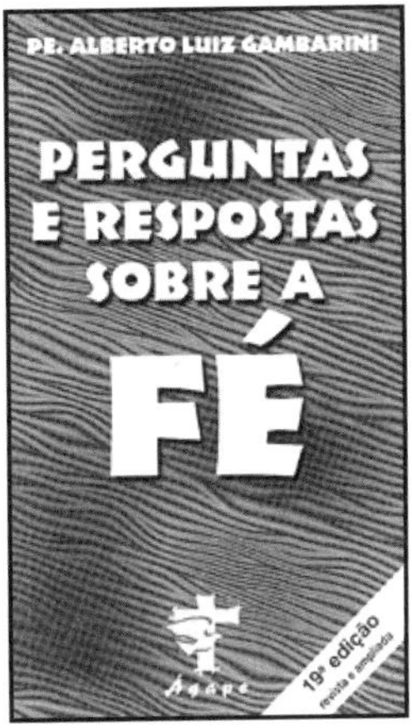

PERGUNTAS E RESPOSTAS SOBRE A FÉ

RESPOSTAS ÀS CRÍTICAS À DOUTRINA CATÓLICA: O Batismo das crianças – A Besta do Apocalipse – A questão das imagens – Sábado e Domingo – Domingo e Sábado – O Papa é o sucessor de Pedro? **RESPOSTAS ÀS FALSAS DOUTRINAS:** O Espiritismo – Algumas questões sobre o Espiritismo – Umbanda – Os Mórmons – Moon – Seicho-No-Iê – Testemunhas de Jeová – A Maçonaria – Os Adventistas do Sétimo Dia – Quem vai para o céu – Qual o castigo dos maus – Seita de cura. **PERGUNTAS SOBRE NOSSA SENHORA:** Culto a Maria: Certo ou Errado? – Imaculada Conceição de Maria – Assunção de Nossa Senhora – Jesus teve outros irmãos? – Aparições de Nossa Senhora: verdade ou mentira? – Rosário – Aprendendo a rezar o terço. **O FUNDAMENTO DA FÉ:** Todas as Bíblias são iguais? – A regra da nossa fé: só a bíblia ou Bíblia, tradição e magistério? **A REALIDADE DO MAL:** Diabo: Realidade ou fantasia? – Jesus e a derrota de Satanás – Questão do mal: contaminação maligna – Meios para não ser contaminado pelo maligno. **O CRISTÃO E A CURA:** Jesus cura? – Cura: Novo Testamento – A Igreja e a Cura – Missa e Cura – Perdão e Cura.

VITÓRIA PELA ORAÇÃO

Tipos de oração. O jejum. Eucaristia: o lugar para uma vida abençoada. Complemento para todos os tipos de oração. Plano de Oração. Oração de Jesus. Rosário. Aprendendo a rezar o terço

A FONTE DA VIDA O NOVO NASCIMENTO

A necessidade do novo nascimento – O amor de Deus – Por que fracassamos? A questão do pecado – Cruz: a solução de Deus para nossas vidas – Que é o novo nascimento – O que não é o novo nascimento – O cuidado com a emoção – Meios para crescer espiritualmente na vida nova – Aprender a discernir nas dificuldades.

MORTE: LUCRO OU PERDA?

Que é morte? Existe o céu? Inferno: verdade ou fantasia? E o purgatório? Segunda vinda de Cristo: realidade ou sonho? O Anticristo: como identificá-lo? A ressurreição da carne. Livres do medo da morte

O FOGO DE PENTECOSTES

Vida nova no Espírito. Espírito Santo, o princípio ativo. A chave para a vida no Espírito: Efusão do Espírito. A evidência da efusão do Espírito: Primeira parte. A evidência da efusão do Espírito: fruto do Espírito. Os dons extraordinários do Espírito: os carismas. Conselhos para crescer na vida do Espírito. Como receber a efusão do Espírito. Conselhos para crescer na vida do Espírito

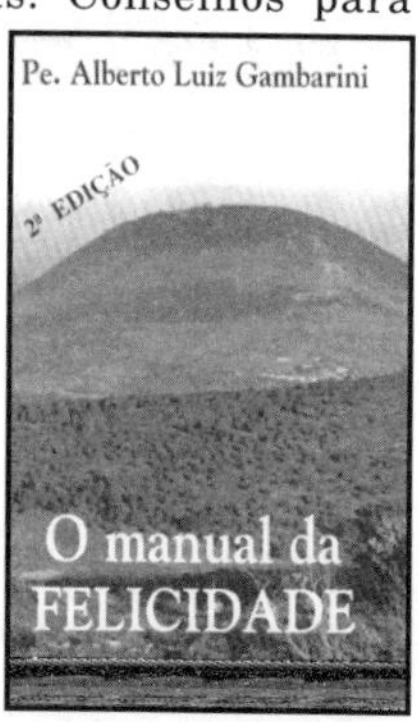

O MANUAL DA FELICIDADE

O Sermão da Montanha é o caminho mais certo para a felicidade: é o programa de vida ideal para todos aqueles que desejam viver de modo sobrenatural.

CURA DAS EMOÇÕES EM CRISTO

Reeducação da mente: Somos o que dizemos. Aprendendo a amar a si mesmo: Importância da auto-imagem. Enfrentando a rejeição. Perdão e cura das emoções. Saindo da depressão. Libertando-se do medo. Ansiedade ou preocupação. Como vencer a solidão. Desafios dos solteiros. Para se manter e crescer na cura das emoções.

EM QUE CREMOS? Doutrina Católica e Bíblia

A Bíblia: O Antigo Testamento; O Novo Testamento – Os mistérios da fé cristã: O mistério da Santíssima Trindade; Encarnação; Redenção – A Igreja: A origem da Igreja de Cristo; A Organização da Igreja; A hierarquia – Os Sacramentos: A definição e o número dos Sacramentos; Os Sacramentos de iniciação; Os Sacramentos medicinais ou de cura; Sacramentos do serviço da Igreja – Maria Modelo para a Igreja: O fundamento bíblico do culto mariano; As verdades de fé sobre Maria – As Virtudes cristãs ou regras de vida: As virtudes teologais ou sobrenaturais; Virtudes cardeais – Morte, céu, inferno e purgatório: Juízo particular e final; Segunda vinda de Cristo – Orações: principais orações católicas

AO VENCEDOR! Mensagens às Sete Igrejas do Apocalipse

Esfriaste no primeiro amor: Conhecendo Éfeso. ***Não temas o que deverás padecer:*** Conhecendo Esmirna. ***Abandona as falsas doutrinas:*** Conhecendo Pérgamo. ***Tempo de arrepender-se:*** Conhecendo Tiatira. ***Sê vigilante:*** Conhecendo Sardes. ***Guardaste a minha palavra:*** Conhecendo Filadélfia. ***Repreendo e corrijo todos aqueles a quem amo:*** Conhecendo Laodicéia. ***Mensagens às Igrejas do Apocalipse.***

BATALHA ESPIRITUAL

Desmascarando o inimigo: Para a Bíblia, quem é o diabo? – Como identificar a presença do maligno: a mentira; Campos de batalha; Um testemunho da mentira de Satanás; Um testemunho de libertação; Sugestões para uma oração pessoal de libertação; Oração a São Miguel Arcanjo – Plano de batalha – Treinamento para a batalha – Entrando na batalha – Um grande perigo: a Nova Era – A Nova Era e a Igreja: A Nova Era nas Igrejas Evangélicas; Como identificar o evangelho da Nova Era – Uma seita da Nova Era: a Universal do Reino de Deus: A origem da Universal; Algumas práticas da Universal – Maria Santíssima na batalha espiritual – O mundo vai acabar? – Exorcismo: Contra Satanás e os Anjos Rebeldes – Livrai-nos do mal: O ensinamento bíblico; O inimigo oculto; A ação do demônio; A defesa do cristão.

CURA DAS ENFERMIDADES

Creio em milagres – Cura e Bíblia – Fé e Cura – As lições de cura de Jesus para hoje – Cura pela Eucaristia – Cura pela Confissão – Cura pelo perdão – Cura pelo Sacramento da Unção – Outros meios de cura – E se não acontecer a cura? – Orações de Cura.

ORAÇÕES DE CURA E LIBERTAÇÃO

Orações de cura: Oração para a cura física – Oração de cura do corpo – Oração pelo doente – Para pedir a bênção da saúde – Oração antes de uma operação – Oração do enfermo – Oração para pedir auxílio diante da doença – Oração depois de um acidente – Bênção do(s) enfermo(s) – Bênção aos medicamentos– Oração pelos doentes a São Rafael, anjo dos enfermos – Súplica na doença – Oração para a cura do corpo – Oração do Médico – Curaste tantos! – Oração durante a gravidez – Oração da manhã de um enfermo – Oração da noite de um enfermo – Oração para implorar a saúde – Dai-me a saúde – Oração do doente para começar o dia – Oração de cura de Santo Anbrósio para antes da missa – Oração de cura de Santo Tomás de Aquino para antes da missa – Oração de Santo Tomás de Aquino para depois da missa. ***Orações de libertação e exorcismo:*** Oração de libertação – Oração de renúncia às falsas doutrinas – Oração para libertar casas e outros lugares – Oração contra todo o mal – Oração para a libertação da família – Oração contra todos os malefícios – Bênção com água benta para casas, na visita a um doente e outros locais – Para pedir proteção contra o demônio e os espíritos maus – Pequeno exorcismo de São Miguel Arcanjo – Pedido de libertação ao Senhor Jesus – Oração de libertação com Maria – Oração para não se deixar vencer pelo maligno – Exorcismo de Leão XIII contra Satanás e os anjos rebeldes. ***Oração de cura interior: Cura de lembranças:*** Oração da cura interior. ***Oração da cura pelo perdão:*** Oração de cura pelo perdão. ***Terços de libertação e proteção contra as forças do mal:*** Terço de Nossa Senhora – O Terço como arma contra os poderes infernais – O que é? Rosário da Oração de Jesus – Rosário de São Miguel Arcanjo – Terço da misericórdia. ***Ladainhas de libertação:*** Ladainha do preciosíssimo sangue de Jesus – Ladainha do Santíssimo Nome de Jesus – Ladainha do Sagrado Coração – Ladainha de Nossa Senhora – Ladainha em honra a São Miguel Arcanjo – Ladainha de São Rafael. ***Para pedir proteção dos Anjos:*** São Miguel – São Gabriel – São Rafael – Anjo da Guarda – Oração aos santos Anjos...

QUEM FUNDOU A SUA IGREJA

Introdução – Quem fundou a sua igreja? – A garantia para a unidade da Igreja: sucessão apostólica – O sinal visível da unidade – As características da Igreja de Cristo – A reunião da Igreja de Cristo: o Domingo e a Eucaristia – Razões porque sou católico – Aprendendo a conversar com os irmãos separados – A Lista dos Papas – Datas importantes dos três primeiros séculos da Igreja cristã – Alguns questionamentos evangélicos quanto a data da fundação da Igreja católica

COMO REZAR PELA CURA ENTRE AS GERAÇÕES

Bíblia e cura entre as gerações – O que não é a oração de cura entre as gerações – A cura dos vivos e dos mortos por meio da oração – A importância de orar pelos bebês nascidos mortos ou abortados – Como rezar pelos mortos jovens e adultos – Oração de cura entre as gerações e a libertação de lugares – Eucaristia: o lugar da cura total – Como fazer a árvore da família ou geneagrama – Como orar pela árvore da família e qual o número de vezes? – Orações de cura entre as gerações – O purgatório: purificação necessária para o encontro com Deus.

COLHENDO PROSPERIDADE COM O DÍZIMO E AS OFERTAS

Introdução – *Capítulo 1:* O dízimo e ofertas no Antigo Testamento – *Capítulo 2:* O dízimo e ofertas no Novo Testamento – *Capítulo 3:* São Paulo e a graça de dar – *Capítulo 4:* As bênçãos do dízimo e ofertas – *Capítulo 5:* A diferença entre riqueza e prosperidade – *Capítulo 6:* Como praticar o dízimo e as ofertas – *Capítulo 7:* Tornando Deus novamente dono dos nossos bens – *Capítulo 8:* Princípios para a liberdade financeira – *Capítulo 9:* Os santos e a importância da contribuição financeira – *Conclusão:* Uma última palavra: seja fiel no ato de dar! – *Apêndice:* Razões porque sou dizimista – Orações do dizimista

Assista os programas do Pe. Alberto Gambarini:

☛ ENCONTRO COM CRISTO

REDE VIDA:

- de segunda a sexta-feira às 06:30 horas
- aos domingos às 17:00 horas

TV GAZETA DE SÃO PAULO (canal 11)

- aos domingos às 08:00 horas

RÁDIO MORADA DO SOL DE SÃO PAULO (AM 1260 KHZ)

- diariamente às 12:00 horas
- aos sábados às 17:00 horas

"Obrigado por adquirir este livro. Juntos poderemos evangelizar ainda mais!

Quero me corresponder com você mensalmente, por isso peço que entre para a Família Encontro com Cristo se associando através da ficha abaixo. Você estará me ajudando a evangelizar também através da pregação da Palavra pela televisão."

Pe Alberto Luiz Gambarini

Nome ....

Endereço ....

Nº .... Apto. .... Bloco ....

Bairro ....

Cidade ....

CEP .... Estado ....

Fone (....................) ....

Nasc ..../ ..../ ....

"Escreva aqui as suas intenções particulares. Quero rezar por você diariamente. Seus pedidos ficarão depositados na Capela do Santíssimo de minha Paróquia.

____

____

____

____

____

Edições Loyola

Editoração, Impressão e Acabamento
Rua 1822, n. 347 • Ipiranga
04216-000 SÃO PAULO, SP
Tel.: (0**11) 6914-1922